Avivamento transformador

Avivamento transformador

O legado do movimento wesleyano

LEANDRO SILVA

Copyright © 2023 por Leandro Silva Virginio

Os textos bíblicos foram extraídos da *Nova Versão Transformadora* (NVT), da Tyndale House Foundation.

Todos os direitos reservados e protegidos pela Lei 9.610, de 19/02/1998.

É expressamente proibida a reprodução total ou parcial deste livro, por quaisquer meios (eletrônicos, mecânicos, fotográficos, gravação e outros), sem prévia autorização, por escrito, da editora.

Imagem de capa: Steve Johnson / Unsplash

CIP-Brasil. Catalogação na publicação
Sindicato Nacional dos Editores de Livros, RJ

S581a
  Silva, Leandro
    Avivamento transformador: o legado do movimento wesleyano / Leandro Silva. - 1. ed. - São Paulo: Mundo Cristão, 2023.
    88 p.

    ISBN 978-65-5988-253-3

    1. Wesley, John, 1703-1791. 2. Igrejas metodistas - Doutrinas. I. Título.

23-85789
                    CDD: 230.7
                    CDU: 2-72-1:277.6

Meri Gleice Rodrigues de Souza - Bibliotecária - CRB-7/6439

Edição
Daniel Faria

Revisão
Ana Luiza Ferreira

Produção
Felipe Marques

Diagramação e capa
Marina Timm

Publicado no Brasil com todos os direitos reservados por:
Editora Mundo Cristão
Rua Antônio Carlos Tacconi, 69
São Paulo, SP, Brasil
CEP 04810-020
Telefone: (11) 2127-4147
www.mundocristao.com.br

Categoria: Igreja
1ª edição: outubro de 2023

Sumário

Prefácio	7
Introdução	11
1. Uma teologia para o avivamento transformador	22
2. Wesley e o impacto do avivamento metodista	36
3. O avivamento e os modelos de liderança	49
Conclusão	65
Agradecimentos	79
Referências bibliográficas	81
Sobre o autor	85

Prefácio

Avivamento é tema de grande importância para a igreja do Senhor espalhada pelo mundo. Como herdeiro da tradição wesleyana (sou pastor da Igreja do Nazareno), devo muito ao legado de John Wesley. Em sua época, ele presenciou um avivamento. Pessoas eram atraídas pela graça de Deus e experimentavam seu poder transformador. Referindo-se aos fenômenos avivalísticos daquele Primeiro Grande Despertar, Wesley descreveu o mover de Deus como uma "torrente de graça", destacando que seus efeitos eram a "levedura da pura e imaculada religião, do conhecimento e amor de Deus", algo que poderia ser experimentado pelas pessoas e que transcendia questões sensoriais, proporcionando "santidade interior e exterior" (cf. sermão 63). No primeiro caso, santidade interna, Wesley falava de uma santificação plena, que diz respeito à purificação do coração, o que levava o servo de Deus a parar de praticar o mal e o incentivava a fazer o bem. Já a santidade externa nada mais seria que o amor divino agora presente no coração e que energiza o crente a praticar as obras de misericórdia, gerando um constrangimento positivo de amor pela humanidade.

Um avivamento genuíno para Wesley, portanto, se caracteriza por elementos como *religião pura, imaculada, bíblica, primitiva e do amor* (cf. sermão 132). O verdadeiro avivamento serve para vislumbrarmos nossa pequenez diante do Deus vivo. É impossível que um avivamento legítimo seja antropocêntrico ou resulte em exaltação humana, consumismo, imediatismo, falta de amor. Antes, ele nos leva ao amor completo mencionado por João (1Jo 4.18), isto é, um amor que é vertical, direcionado para Deus, impulsionando-nos a amá-lo de toda a alma, de todo o entendimento, de todo o coração e com todas as forças, bem como horizontal, levando-nos a amar o próximo como amamos a nós mesmos. É por isso que, nas palavras de Wesley, "O evangelho de Cristo não conhece religião que não seja religião social; não conhece santidade que não seja santidade social". Avivamento resulta, necessariamente, em obras de piedade e misericórdia.

Hoje, precisamos de um novo avivamento, um novo despertar, uma autêntica renovação. Contudo, o derramar de uma nova experiência transformadora para nosso contexto não carece de um novo evangelho, nem de uma nova graça, muito menos de um novo Jesus. Precisamos das boas e velhas verdades do evangelho de nosso Senhor Jesus Cristo.

Nesse sentido, o livro de Leandro Silva vem muito a calhar. Décadas atrás, ouvíamos promessas de um derramar de Deus para o Brasil. Ouvíamos que o Brasil era um celeiro de missionários e um centro de avivamento. E é verdade que o Brasil experimentou diversos movimentos. No entanto, um olhar crítico e bíblico nos mostra que não eram avivamentos legítimos. O Brasil continua sendo um dos países mais corruptos do mundo. Mesmo em nossas igrejas há muita corrupção, com novas indulgências, novas simonias e novas tragédias. Precisamos de um avivamento que desperte o povo de Deus a agir de maneira transformadora nesta terra, a pensar em Deus em sua plenitude, mas também na salvação integral do ser humano. Fomos reconciliados com Deus para sermos agentes de reconciliação. Deus quer

que outras pessoas sejam reconciliadas espiritualmente, ecologicamente, intrapessoalmente (ou
psicologicamente) e interpessoalmente (ou socio-
logicamente). Que este livro nos ajude a repensar
nossa missão e a orar de maneira mais intencional
por um avivamento.

Em Cristo,

REV. VINICIUS COUTO
Teólogo, historiador e pastor da Primeira Igreja
do Nazareno em Vinhedo (SP)

Introdução

"Espero que vocês esqueçam a minha pessoa, mas também espero que alguma coisa vinda do Espírito Santo e da Palavra de Deus encontre terreno fértil em seus corações e produza frutos."

Era o dia 8 de fevereiro de 2023, quando Zach Meerkreebs, assistente técnico de futebol e coordenador de desenvolvimento de liderança da organização missionária Envision, proferiu essas palavras ao subir ao púlpito da capela da Universidade Asbury, nos arredores da pequena cidade de Wilmore, no Kentucky. Sua mensagem, com base em Romanos 12.9-21, tinha um foco claro: desafiar os estudantes a colocar o amor em ação. Sua ênfase era a radicalidade do amor de Deus, em oposição ao "amor radicalmente pobre" que é narcisista, abusivo, manipulador e egoísta.

Terminado o sermão, um trio de música *gospel* cantou a última música. Incomumente, porém, cerca de vinte alunos permaneceram no local.

O jornalista Daniel Silliman descreve os eventos seguintes:

> Eles se sentaram em vários grupos: alguns, ao longo da parede à direita; outros, em seus assentos; alguns, no chão do corredor; outros ainda, ao pé do palco. E continuaram em oração.
>
> Zeke Atha, um aluno veterano, [...] saiu depois de uma hora para assistir a uma aula, mas, quando a aula terminou, ouviu uma cantoria.
>
> "Eu disse: 'Certo, isso é estranho'", disse Atha. "Então, voltei lá, e foi surreal. A paz que havia no local era algo inexplicável".
>
> Ele e alguns amigos saíram imediatamente correndo pelo campus, invadindo as salas de aula com um anúncio: "Está acontecendo um avivamento".[1]

Embora a Universidade Asbury já houvesse experimentado avivamentos em décadas anteriores, os sinais de que um novo avivamento estava acontecendo causaram espanto. Apenas quando o culto

[1] Daniel Sillimam, "Não há celebridades aqui: Como Asbury protegeu o avivamento", *Christianity Today*, 25 de fevereiro de 2023, <https://www.christianitytoday.com/ct/2023/february-web-only/asbury-avivamento-universidade-voluntarios-celebridades-pt.html>.

espontâneo de oração se estendeu pela tarde e noite adentro os funcionários da instituição perceberam que teriam de tomar uma decisão sobre como responder àquele cenário extraordinário.

À medida que o "culto que não terminou" prosseguia, viralizando nas redes sociais, verdadeiras multidões começaram a se dirigir à universidade, o que despertou a atenção de veículos de notícias de todo o mundo. Uma equipe de trabalho foi formada para dar suporte às mais de 50 mil pessoas de fora da cidade que iam chegando nas semanas seguintes.

A Universidade Asbury, vinculada ao movimento wesleyano e cujo nome homenageia Francis Asbury, o primeiro bispo metodista norte-americano a encorajar e celebrar os movimentos de renovação da igreja, tornou-se o epicentro de uma nova e revigorada discussão sobre a atualidade e a necessidade de avivamento na igreja cristã.[2]

[2]Há uma ampla conversação em andamento, na qual diferentes teólogos e líderes cristãos expressam pontos de vista divergentes quanto à possibilidade de que os acontecimentos que se deram em Asbury constituam um autêntico avivamento. A própria liderança da universidade tem sido cautelosa, preferindo usar expressões como "renovação". Por ora, podemos destacar

Em meio aos debates suscitados pelo ocorrido em Asbury, os evangélicos brasileiros demonstraram compreender a urgência e a necessidade de um avivamento. De fato, muitos de nós oramos por isso e enfatizamos esse tema, seja em pequenas reuniões de intercessão, seja em grandes congressos. No entanto, será que compreendemos adequadamente as implicações de um avivamento?

Avivamento significa não somente "preservar" ou "manter vivo", mas também "purificar, corrigir e livrar do mal".[3] Tim Keller o define como "um resgate do evangelho com efeitos transformadores

alguns de seus primeiros e notáveis frutos: um claro esforço para fugir da cultura da celebridade, uma busca por equilíbrio e simplicidade, o serviço amoroso dispensado por voluntários àqueles que aguardavam sob o frio severo em longas filas para ingressar na capela da universidade, um pertinente impacto sobre a geração Z (tida como a mais irreligiosa da história dos Estados Unidos), e uma contundente expressão prática da unidade do corpo de Cristo (com a participação de cristãos das mais diversas denominações). Minha esperança é que, com o tempo, esses frutos se tornem ainda mais abrangentes e impactantes, transformando a sociedade local.

[3] Josivaldo Pereira, "O padrão bíblico de avivamento", *Monergismo*, <http://www.monergismo.com/textos/avivamento/avivamento_padrao.htm>, acesso em 21 de abril de 2023.

para a vida". Trata-se de uma "renovação pelo evangelho", que ocorre tanto de forma *pessoal*, quando "as doutrinas do evangelho sobre o pecado e a graça são realmente vividas, não apenas conhecidas intelectualmente", como *coletiva*, quando "um grupo inteiro de cristãos experimenta em conjunto a renovação pelo evangelho". Nesse sentido, "todos os avivamentos são períodos em que as ações comuns do Espírito Santo são grandemente intensificadas", e o resultado é "uma grande onda de novas pessoas interessadas, pecadores sinceramente arrependidos e crentes espiritualmente renovados".[4]

De modo similar, Raymond C. Ortlund define avivamento como "um período na vida da igreja em que Deus faz com que o ministério normal do evangelho avance com poder espiritual extraordinário".[5] A história demonstra, no entanto, que o impacto desse "ministério normal do evangelho" sempre vai muito além do coração humano, atingindo as dimensões sociais, comunitárias, políticas, econômicas e culturais, pois "todo anúncio

[4] KELLER, *Igreja centrada*, p. 65-66.
[5] ORTLUND, *Avivamento*, p. 12.

sério do evangelho acaba impactando a realidade que ele encarna".[6]

Encontramos uma contundente demonstração disso na análise de Manfred Grellert a respeito dos desdobramentos do grande avivamento evangélico que teve início por volta de 1720 e prosseguiu até o fim do século 18. Todos os seus principais líderes — Conde Zinzendorf, pietista luterano alemão, Jonathan Edwards, reformado americano, John Wesley, metodista arminiano inglês, e George Whitefield, anglicano inglês — possuíam em comum importantes características que demonstram essa ênfase na transformação tanto de indivíduos como da sociedade.

Todos tiveram um compromisso profundo com o evangelho, que proclamaram no poder do Espírito. Todos criam na necessidade de uma experiência de conversão do pecador, uma experiência de regeneração. Criam na justificação do pecador exclusivamente pela fé em Cristo, Salvador e Senhor. Todos

[6]Manfred Grellert, "Impacto social dos grandes avivamentos", *Ultimato*, março-abril de 2004, edição 287, <https://www.ultimato.com.br/revista/artigos/287/impacto-social-dos-grandes-avivamentos>.

criam na necessidade de santificação dos convertidos, e quase todos pensavam que o melhor sinal de santificação é o amor e a prática de boas obras. Todos estavam preocupados com o fato de uma ortodoxia morta ter produzido igrejas sem vida. Todos tiveram tensões enormes em suas denominações. Alguns foram proibidos de pregar nos púlpitos, partindo para as ruas, praças e fábricas. Apesar de suas diferenças teológicas, aprenderam a trabalhar juntos, unidos no Corpo de Cristo. Todos fizeram autocríticas em relação a expressões não autênticas de avivamentos contrafeitos ou desvirtuados, de exageros, de omissões, de erros garrafais. Mas todos também aceitaram as implicações sociais do evangelho. Todos sonhavam com uma ortodoxia viva, capaz de avivar as igrejas e de transformar a sociedade.[7]

Compromisso com o evangelho, foco na santificação, visão de uma igreja viva, coragem para desafiar o *status quo*, ênfase na unidade do corpo de Cristo, clareza quanto às implicações sociais da mensagem da cruz. Como necessitamos dessa ortodoxia viva em nossa nação!

Quase vinte anos atrás, quando o número de evangélicos no Brasil já chegava à casa de

[7] Ibid.

25 milhões de pessoas, Grellert observava a necessidade de responder a algumas importantes perguntas.

> Qual o impacto dessa massa crítica evangélica na vida nacional? Vão crescer ao mesmo tempo as igrejas evangélicas e a miséria de nosso povo? Uma coisa não tem nada a ver com a outra? Esse avivamento que produz o homem novo aos milhões impactará também a vida social de nosso país de forma significativa? Seremos somente bons cristãos, um tanto individualistas e introvertidos, reduzindo a aplicação do evangelho à nossa vida pessoal, familiar e eclesiástica? Ou seremos também construtores de uma nova sociedade? Será realmente possível centralizarmos a nossa vida em Deus e ao mesmo tempo ignorarmos as demandas do seu reino para o nosso contexto? Isso não seria delegar mais espaço ao Diabo do que ele merece? E o nosso querido Senhor Jesus, o Senhor dos senhores, será somente Senhor dos nossos corações? Ou quer ele exercer o seu senhorio também sobre as dimensões da realidade nacional, incluindo as dimensões sociais, econômicas, políticas e ecológicas? Um avivamento socialmente inócuo é realmente um produto do poder do Espírito?[8]

[8] Ibid.

São duras, porém necessárias, perguntas — e seremos sábios em refletir profundamente a respeito delas, diante de um cenário de transição religiosa em que, mantido o ritmo atual de crescimento do movimento evangélico e declínio do catolicismo romano, "os evangélicos devem ultrapassar os católicos nos próximos 10 anos e contribui para isto o fato de estarem mais bem posicionados, em termos de dinâmica demográfica, na população urbana, pobre, jovem e feminina".[9] Que impacto esperamos ver como resultado dessa franca expansão numérica?

Daí a premissa assumida nesta obra de que o Brasil necessita de um avivamento que, para muito além do crescimento numérico das congregações locais, as conduza a um engajamento missional intencional, criativo e corajoso frente aos desafios imensos desta grande nação — o último país ocidental a revogar a escravidão e no qual existem atualmente mais de 13 mil favelas habitadas por

---

[9] José Eustáquio Diniz Alves, "Projeções indicam que evangélicos serão maioria no Brasil nos próximos dez anos", *Projeto Colabora*, 30 de maio de 2022, <https://projetocolabora.com.br/ods16/transicao-religiosa-evangelicos-serao-maioria-nos-proximos-dez-anos/>.

mais de 17 milhões de pessoas,[10] condições essas que afetam profundamente sua realidade espiritual, social, econômica e cultural.

Foi essa a experiência vivida pela sociedade inglesa do século 18, sob a liderança do evangelista inglês John Wesley. John Stott destacou que o movimento iniciado por Wesley "fez mais para transfigurar o caráter moral do populacho do que qualquer outro movimento que a história britânica pode recordar", pois "Wesley foi pregador do evangelho e profeta da justiça social. Ele foi 'o homem que restaurou à nação a sua alma'".[11] Com sua densidade teológica e ortodoxia prática, o movimento wesleyano nos fornece sólida base para compreender o conceito de avivamento transformador. Seu impacto em toda a sociedade de seu tempo possui desdobramentos que se estendem até os dias de hoje.

Nos capítulos a seguir, lançaremos um olhar criterioso às implicações mais abrangentes desse

---

[10]Stéfano Salles, "Cerca de 8% da população brasileira mora em favelas, diz Instituto Locomotiva", *CNN Brasil*, 4 de novembro de 2021, <https://www.cnnbrasil.com.br/nacional/cerca-de-8-da-populacao-brasileira-mora-em-favelas-diz-instituto-locomotiva/>.

[11]Stott, *Os cristãos e os desafios contemporâneos*, p. 28.

legado transformacional histórico. Inicialmente nos voltaremos a alguns de seus fundamentos bíblicos e teológicos, buscando perceber como Wesley conectou a ortodoxia e a ortopraxia (doutrina saudável e prática com ela condizente) como base para a ação em todas as esferas da sociedade. Em seguida nos voltaremos à amplitude desse impacto, identificando modelos missionais relevantes, com contribuições permanentes para o ministério cristão no mundo contemporâneo. Ampliaremos nossa visão do modelo de liderança que brota do avivamento, bem exemplificada nos frutos duradouros de líderes que se dedicaram a amar suas cidades por meio da evangelização e do serviço. Por fim, imergiremos em nossa realidade brasileira, no intuito de refletir sobre como desenvolver um engajamento missional fiel, frutífero e autenticamente transformador em nosso contexto atual.

1
Uma teologia para o avivamento transformador

O estado moral e social da Inglaterra do século 18, em que John Wesley exerceu seu ministério, é descrito pelos historiadores como deplorável. Em discurso a magistrados e autoridades em 1738, o bispo George Berkeley declarou que "a moralidade e a religião alcançaram um grau tão baixo que nunca se havia visto em nenhum outro país cristão", e que as "perspectivas são terríveis e os sintomas pioram dia a dia".[1] Foi nesse contexto que teve início o avivamento wesleyano, que nas palavras de Howard Snyder "testemunhou talvez a transformação mais completa de uma sociedade pelo evangelho na história".[2]

Em artigo intitulado "A contribuição do movimento metodista para o entendimento da

[1]Citado em SILVA, "Contribuição do movimento metodista...", p. 77.

[2]Citado em BEVINS, *Marks a Movement*, p. 52.

indissociabilidade entre evangelização e ação social", o pastor Welinton Pereira da Silva define o movimento wesleyano como, acima de tudo, "um movimento de renovação espiritual, nascido no meio da gente mais simples da época", destacando que "seus seguidores atuavam em várias frentes de trabalho social buscando acolher e apoiar os mais necessitados". E cita como algumas das bandeiras levantadas pelo movimento "a luta contra o tráfico e escravidão, o apoio às crianças pobres e a busca pela reforma do sistema prisional".[3] Trata-se de uma vocação que pode ser muito bem definida pela expressão do bispo Barbiere: "Somos salvos da problemática humana, para salvar outros na totalidade do seu ser".[4]

Vinicius Couto define a teologia armínio-wesleyana como um desdobramento do arminianismo clássico que "surge através de novos conceitos presentes na teologia do evangelista britânico John Wesley".[5] Sua contribuição para a missão da

[3] SILVA, "Contribuição do movimento metodista...", p. 76.
[4] Citado em SILVA, "Contribuição do movimento metodista...", p. 82.
[5] COUTO, *Em favor do arminianismo-wesleyano*, p. 293.

igreja se dá não apenas por meio de sua teologia integral do avivamento, mas também de modelos históricos concretos e contextuais que floresceram em sua tradição, demonstrando o que significa servir ao mundo de forma transformacional levando em conta as necessidades integrais da pessoa toda e da sociedade.

"O evangelho de Cristo não conhece outra religião que não seja social nem outra santidade que não seja santidade social"[6] — assim John Wesley definia sua compreensão da abrangência do impacto do evangelho sobre todas as áreas da vida. Diante dessa declaração, David L. Mackenna afirma que "toda separação entre santidade pessoal e social é antibíblica", pois desconectadas uma da outra "nenhuma tem sentido".[7] O evangelho de Cristo deve atingir todos as áreas da vida e todas as esferas da sociedade.

A missão da igreja não se resume, portanto, à proclamação do evangelho visando conduzir as pessoas à eternidade, muito embora não possamos diminuir a importância central do evangelismo

[6]Citado em COUTO, *Fé x obras*, p. 110.
[7]Citado em FULANETTO, *Artigos de fé na ótica missional*, p. 66.

e da plantação de igrejas em nossa tarefa como povo de Deus no mundo. A fim de entender a amplitude da missão da igreja, porém, importa que nos voltemos à amplitude do evangelho e à integralidade da pessoa humana que desejamos evangelizar. Além disso, precisamos ter consciência de nosso papel transformador em todas as esferas da sociedade. O avivamento wesleyano uniu aquilo que jamais deveria ser separado: evangelismo e ação social, corpo e alma, discipulado e justiça, fé e obras.

Concordo com Marlon Marques em sua afirmação de que é preciso evidenciar a necessidade de que os cristãos se engajem neste mundo com "o intuito de transformá-lo ou restaurá-lo", uma vez que "o wesleyanismo tem como finalidade permear a sociedade toda com o impacto do evangelho". Portanto:

> Não deve haver uma área sem a influência do evangelho. Temos de ter o cuidado para não querer impor que todos sejam cristãos à força, mesmo porque ser cristão por meio de coerção não é ser cristão. Mas devemos influenciar a sociedade com nosso discurso e, principalmente, nossa prática. Somente assim

podemos agir não de acordo com Wesley somente, mas também como nosso Senhor Jesus. [8]

Wesley entendeu a missão da igreja como direcionada ao ser humano todo, levando em conta suas dimensões social, física e espiritual. Howard Snyder, comentando sobre esse ponto, destaca que Wesley via o evangelho de Jesus Cristo como "terapia para alma", empregando a palavra terapia não no sentido moderno usado pela psicologia, mas em seu sentido original, mais completo, de "cura". Em outras palavras: "o método de Deus para curar uma alma enferma".[9]

Em artigo sobre o papel de Wesley como reformador social, Marques e Couto apontam a raiz da palavra holismo, da qual deriva o termo integral. *Holos*, em grego, significa pleno, completo, todo e inteiro. "Neste sentido, a teologia de Wesley foi holística, visto que sua preocupação soteriológica era mais ampla do que a eternidade."[10]

[8] Marques, *Salvação integral*, p. 74.

[9] Snyder, *La salvacion de toda la creación*, p. 151.

[10] Vinicius Couto e Marlon Marques, "John Wesley: John Wesley: teólogo e reformador social do século XVIII", *Bona Conscientia*, vol. 1, nº 1, 2018, p. 26.

Wesley igualmente tinha uma visão positiva da criação de Deus. Comentando Romanos 8.21, ele afirmou que "a destruição não é libertação", e "o que se destrói, não foi libertado".[11] Snyder complementa: "Deus não se dedica a destruir; está dedicado a tarefa de purificar, reciclar e recriar", e "a missão de Deus é curar toda a criação".[12] Deus sem dúvida levará a cabo sua promessa de um "novo céu e nova terra". A igreja está em missão porque Deus está em missão. O apóstolo Paulo escreveu que "todo aquele que está em Cristo se tornou nova criação" e que Deus "nos encarregou de reconciliar outros com ele". Por isso, trabalhamos com Deus e compartilhamos sua reconciliação e cura porque "hoje é o dia da salvação!" (2Co 5.17—6.2). Essas são boas-novas para um mundo afligido pela degradação ambiental. O cuidado da criação é parte essencial da missão da igreja como cooperadora na missão de Deus.

Em resposta à pergunta "Até onde se estende nossa missão?", o manual *História de los ministérios de compasión*, de Luiz Meza, apresenta

---

[11]Citado em SNYDER, *La salvacion de toda la creación*, p. 102.
[12]Ibid.

um excelente resumo da perspectiva missionária transformacional armínio-wesleyana que reproduzimos a seguir:

A missão da igreja no mundo se estende a toda a humanidade, a todos os povos, já que, havendo sido criados à imagem de Deus, cada homem e mulher no mundo tem um valor essencial. É nossa missão amar e valorizar as pessoas, como elas são amadas e valorizadas por Deus, que busca levar-lhes paz, justiça e salvação do pecado através de Cristo. É nossa missão sentir compaixão e cuidar dos que padecem necessidade. É nossa missão nos opormos a sistemas sociais e políticos que desvalorizem e empobreçam as pessoas. A missão da igreja se estende a toda a pessoa. Deus nos criou como seres completos; é nossa missão ser ministros do amor de Deus às pessoas como seres integrais (corpo, alma e espirito). Nossa missão de evangelismo, compaixão e justiça é uma missão integrada, única, atendendo às pessoas em sua necessidade física, emocional e espiritual. Sendo Cristo nosso modelo em tudo, ele nos mostra como praticar a compaixão com seu exemplo e ensino. Os que vivem como Jesus devem ir fazendo o bem: vestindo os despidos, dando de beber aos sedentos, visitando os enfermos e os presos, trabalhando em favor da justiça e tomando o lugar de servo. Sempre devemos atuar como agentes de reconciliação com Deus, sempre prontos a proclamar as boas-novas do amor de Deus e o perdão mediante Jesus Cristo.[13]

A teologia armínio-wesleyana entende toda a humanidade (e a sociedade, bem como a criação) como alvo da tarefa missionária do povo de Deus. A missão da igreja inclui "evangelismo, compaixão e justiça" e visa alcançar a pessoa toda, pois Deus "nos criou como seres completos". O discipulado cristão e o engajamento missional[14] na sociedade estão

---

[13]MEZA, *História de los ministérios de compasión*, p. 59-60.

[14]Por missional queremos afirmar que a missão está relacionada com a natureza da igreja, não como um departamento de atividade isolada, mas sim como o coração da comunidade cristã, pois todo o povo de Deus é chamado a participar da missão de Deus. Missão, portanto, não é algo feito apenas por outro ("o missionário") em algum outro lugar ("o campo missionário"). Todo crente é um missionário. Todo lugar é um campo missionário. Toda igreja, não importa seu tamanho ou localização, deve estar envolvida naquilo que Deus está fazendo no mundo, sendo intencionalmente evangelística e engajada com as necessidades integrais de sua comunidade e do mundo, pois somos um povo enviado ao mundo em missão por Jesus (Jo 20.21). Essa é uma definição estreitamente alinhada com a concepção arminio-wesleyana de igreja como a "comunidade do reino" e o "povo de Deus". Reconhecemos que nem sempre a expressão

vinculados, pois somos chamados a viver como Jesus e ser "agentes da reconciliação de Deus".[15]

A doutrina da perfeição cristã, defendida por Wesley, tem estreita conexão com o testemunho integral da igreja. Expondo o texto de Mateus 5.13-16, Wesley destacou que "o cristianismo é essencialmente uma religião social. Transformá-lo em uma religião solitária equivale a destruí-lo".[16] Em sua visão, "'Santos Solitários' é uma frase não mais consistente com o evangelho do que 'adúlteros santos'. O evangelho de Cristo não conhece religião que não seja religião social; não conhece santidade que não seja santidade social. A fé que opera pelo amor é o comprimento, a largura, a profundidade e a altura da perfeição cristã".[17] A missão não se restringe a um departamento da igreja, mas deve permear a vida de todo discipulo de Cristo cheio do Espirito Santo, pois uma característica do verdadeiro cristão é "buscar a paz ou

missional tem sido empregada com esse sentido, mas é assim que desejamos que a palavra seja compreendida sempre que utilizada neste livro.

[15]Couto, *Em favor do arminianismo-wesleyano*, p. 368.

[16]Wesley, *O Sermão do Monte*, p. 113.

[17]Citado em Bevins, *Marks a Movement*, p. 49.

praticar o bem", e "deixar isso de lado aflige Cristo tanto quanto deixar de lado a sua misericórdia, a pureza de coração ou qualquer outra característica de seus ensinos".[18]

A perspectiva wesleyana da santidade entende que a perfeição cristã não implica apenas uma relação íntima e transformadora com Deus, mas uma relação pública e transformadora com o mundo em suas dores e carências. Mais uma vez estamos refletindo sobre a própria natureza da igreja e do discipulado cristão. Conforme afirma Wesley, "é da nossa própria natureza temperar tudo que está a nossa volta. É da natureza da nossa fé espalhá-la em tudo o que tocamos. Nós a difundimos por todos os lados a todos os que nos rodeiam", pois "no relacionamento com os outros, somos modestos, sérios e humildes. Mostramos que temos fome de justiça e que amamos a Deus e a humanidade. Agindo dessa forma, fazemos o bem a todos".[19]

Em nossa cultura, a palavra "santidade" é muitas vezes associada à reclusão e ao escapismo frente ao mundo. A teologia armínio-wesleyana,

[18]WESLEY, *O Sermão do Monte*, p. 114.
[19]Ibid., p. 115.

contudo, não deixa margens para essa concepção. Wesley acreditava que a santidade bíblica somente poderia ser expressa mediante uma fé pública marcada pelo amor santo, cujo impacto será percebido pela sociedade, uma vez que os cristãos são a luz do mundo tanto em sua disposição como em suas ações. "A santidade dos cristãos os torna tão visíveis quanto o sol no céu. Assim como não podemos sair do mundo, também não podemos ficar nele sem sermos visíveis para toda a humanidade."[20]

Essa é a dinâmica fundamental da vida cristã autentica, ou como gostava de dizer Wesley — provavelmente em referência a Tiago 1.27 — da "religião verdadeira". O relacionamento com o Deus que é amor santo impulsiona os cristãos a uma vida de compaixão e missão, produzindo resultados concretos em termos de transformação espiritual, social e cultural: "A raiz da religião verdadeira está no coração do homem. Ela fica no íntimo da alma. É a união da alma com Deus, a vida divina na alma do homem. No entanto, se realmente estiver no coração, essa raiz lançará galhos",

[20]Ibid., p. 117.

e "esses galhos são as muitas ocorrências de obediência exterior que são da mesma natureza da raiz".[21] Diante dessa afirmação, ele assim exortava a seus ouvintes: "Que a luz que está em seu coração brilhe em todas as boas obras, tanto nas obras de piedade como nas obras de misericórdia".[22]

Sintetizando o entendimento de Wesley quanto à integralidade do evangelho, Snyder afirma que Wesley enfocou principalmente a "cura da alienação entre as pessoas e Deus por meio de Jesus Cristo, porque sabia que essa era a necessidade mais profunda", porém "preocupava-se pela pessoa toda, e em particular pelos pobres". Afinal, "porque ele estava constantemente imerso nas Escrituras e nas vidas que viu transformadas, sabia que o evangelho oferece cura integral".[23] Ou, como destaca Meza, o evangelho que Wesley pregava "não era um evangelho mutilado, era um evangelho integral".[24]

Se tão somente nos mantivermos apegados à centralidade e à amplitude do evangelho,

[21]Ibid., p. 119.

[22]Ibid., p. 125

[23]Snyder, *La salvacion de toda la creación*, p. 150-151.

[24]Meza, *História de los ministérios de compassión*, p. 14.

conforme fez Wesley, poderemos desenvolver uma ação ministerial verdadeiramente transformadora no mundo, pois o evangelho é, como resume o apóstolo Paulo, "o poder de Deus em ação" (Rm 1.16).

Para refletir

1. Como o avivamento, compreendido como "renovação pelo evangelho", impacta a vida e o ministério da igreja no contexto brasileiro atual?

2. Em nossa cultura, a palavra "santidade" é muitas vezes associada à reclusão e ao escapismo frente ao mundo. Wesley, porém, acreditava que a santidade bíblica somente poderia ser expressa mediante uma fé pública marcada pelo amor santo. Leia Mateus 5.13-16, 1João 3.16-19 e Tiago 1.27 e responda: como essa perspectiva de santidade impacta sua visão do papel da igreja na sociedade?

3. A visão missional de uma igreja avivada inclui tanto o evangelismo quanto a compaixão e a justiça, e visa alcançar a pessoa toda, pois Deus nos criou como seres completos.

Como a sua igreja local pode se engajar mais amplamente nessas frentes ministeriais? Anote na tabela abaixo algumas ideias práticas.

Frente ministerial	Ideias para a ação
Evangelismo	
Compaixão	
Justiça	

2
Wesley e o impacto do avivamento metodista

O metodismo, que se desenvolveu durante o avivamento wesleyano, não constituiu uma nova forma eclesiástica, mas sim um movimento de renovação espiritual. Conforme expressa a poesia de Charles Wesley, irmão de John: "Não anelamos morar em túmulos, nem nas escuras celas monásticas, relegados por votos e barrotes. A todos, livremente, nos oferecemos, constrangidos pelo amor de Jesus, a viver quais servos da humanidade".[1] É pertinente a observação do bispo argentino Sante Urberto Barbieri de que esse desejo de servir à humanidade foi uma das fortes marcas da identidade do movimento metodista surgido na Inglaterra e a ele se deve creditar "o interesse pelo sofrimento

[1]Citado em Welinton Pereira da Silva, "Dimensão social na identidade metodista", *Portal Nacional da Igreja Metodista*, 3 de julho de 2014, <https://www.metodista.org.br/dimensao-social-na-identidade-metodista>.

humano, a insistência numa religião de socorro aos indigentes, enfermos e desgraçados".[2]

Winfield Bevins destaca em sua obra sobre as marcas do reavivamento wesleyano a busca por "transformar toda a sociedade com uma missão integral. Embora Wesley valorizasse a 'religião interior', ele não se preocupava simplesmente com a alma da pessoa, mas com toda a pessoa e todo o evangelho", procurando "satisfazer as necessidades de todo o indivíduo, não apenas aspectos de um indivíduo, bem como procurar aliviar os males da sociedade".[3] Don Thorsen, por sua vez, aponta para o fato de que, em resposta às necessidades das pessoas e da sociedade, Wesley desafiou a forma como os cristãos viam a experiência religiosa, ao propor uma avaliação da cultura contemporânea e uma resposta que ministrasse biblicamente às necessidades de todos, individual e coletivamente. "Wesley respondeu criativamente às necessidades espirituais e físicas das pessoas enquanto permanecendo fiel ao evangelho."[4]

[2] Ibid.
[3] BEVINS, *Marks a Movement*, p. 48.
[4] THORSEN, *Calvino* versus *Wesley*, p. 194.

Apresentamos aqui um resumido olhar do impacto do avivamento wesleyano na sociedade de sua época.

Educação

Bevins registra que uma contribuição singular do discipulado de John Wesley foi criar formas inovadoras de educação e aprendizado, no intuito não apenas de tornar seus seguidores mais instruídos e seus pregadores mais eficazes em seu ministério, mas também para servir à sociedade, especialmente às crianças. Para isso, publicou "centenas de livros, panfletos e outras publicações, que incluíam uma ampla gama de tópicos", como poesia, história, gramática, dicionários e doutrina. Também publicou sermões, cartas, diários e notas explicativas sobre o Novo Testamento, bem como editou uma biblioteca cristã de cinquenta volumes, que incluiu muitos clássicos cristãos. Wesley usou ainda "a imprensa para defender as doutrinas do metodismo, fornecer orientação para seus seguidores e atender às várias necessidades do movimento". Fundou várias escolas, com o propósito de tornar a educação disponível para todos, e estava particularmente interessado na educação das crianças. E, após sua morte, "os metodistas continuaram a construir escolas, universidades e seminários em todo o mundo, muitos dos quais continuam a existir hoje".[5]

Saúde

John Wesley era apaixonado por medicina e saúde. Snyder destaca que ele sempre levava uma maleta com remédios junto a sua Bíblia. Os médicos britânicos cobravam caro e na realidade não ajudavam os pobres. Assim, Wesley compilou seus remédios favoritos em um pequeno manual, que foi publicado em 23 edições sob o título *Medicina elementar: um método fácil e natural para a cura da maioria das enfermidades*. Foi sua obra mais popular.[6] Collins registra que a preocupação incessante de Wesley com a ausência de sólidos tratamentos médicos nas Ilhas Britânicas na época o levou a assumir ele mesmo "a tarefa de comparecer a palestras médicas a fim de garantir o conselho de farmacêuticos e médicos e oferecer tratamento médico simples

[5]Bevins, *Marks a Movement*, p. 47-48.
[6]Snyder, *La salvacion de toda la creación*, p. 149.

aos indigentes". Além disso, Wesley implantou o primeiro dispensário medico gratuito em Londres, especialmente direcionado àqueles que se encontravam em condições de extrema pobreza.[7]

Direitos humanos

Bevins aponta para o fato de que Wesley e os metodistas não tinham medo de se associar a outros que defendiam causas de direitos humanos, incluindo a luta contra a escravidão, direitos iguais para mulheres e crianças e o estabelecimento de melhores leis trabalhistas.[8] A luta contra a escravidão merece destaque especial. Wesley publicou um panfleto chamado "Pensamentos sobre escravidão", no qual escreve: "Liberdade é o direito de toda criatura humana, tão logo ela respirar o ar vital; e nenhuma lei humana pode privá-la desse direito que ela obtém da lei da natureza".[9] Sua última carta conhecida foi endereçada ao parlamentar britânico William Wilberforce e visava encorajá-lo em seu persistente esforço para aprovar a

[7]Collins, *Teologia de John Wesley*, p. 347-348.
[8]Bevins, *Marks a Movement*, p. 48.
[9]Citado em Thorsen, *Calvino versus Wesley*, p. 197.

legislação que poria fim à escravidão na Inglaterra. Nessa correspondência, Wesley escreve: "Prossiga, em nome de Deus e na força do seu poder, até que mesmo a escravidão americana (a mais vil que já viu o sol) desapareça da tua frente".[10]

Ministérios de justiça e misericórdia

Silva afirma que em suas missões urbanas na Inglaterra o metodismo antecipou quase todas as formas de intervenção posteriormente adotadas no serviço social, incluindo "casas para operários, esquema de trabalho para desempregados, bancos e escritórios para empréstimos aos pobres, consultórios médicos".[11] Meza compilou uma lista das diferentes esferas impactadas pelo movimento metodista: a instituição das primeiras escolas dominicais, conhecidas como "as escolas dos esfarrapados" por sua ênfase em proporcionar educação para crianças empobrecidas; influência na aprovação de reformas trabalhistas para diminuir as horas de trabalho em fábricas e minas e na aprovação de reformas do sistema

[10]Citado em MARQUES, *Arminianismo para a vida*, p. 111.
[11]SILVA, "Contribuição do movimento metodista...", p. 82.

prisional; e a impulsão para a criação de leis de proteção às crianças.[12]

Missões transculturais

O legado do movimento wesleyano teve ainda profunda conexão com a redescoberta da tarefa transcultural da igreja, influência pietista intensificada nos séculos seguintes. Wesley, que teve ele mesmo uma experiencia transcultural nos Estados Unidos, foi profundamente influenciado pelo movimento moraviano, que, por sua vez, segundo Patrick Johnstone, exerceu papel fundamental para os reavivamentos dos séculos 18 e 19 e para o movimento missionário moderno.[13] Os séculos seguintes ao do reavivamento wesleyano testemunharam uma imensa expansão da obra missionária transcultural. John Stott, referindo-se especialmente ao movimento missionário do século 19, afirma que "não se deve imaginar que os missionários se concentravam exclusivamente na pregação, ou mesmo que seu interesse social se restringia a socorrer e prestar assistência,

[12]MEZA, *História de los ministérios de compassión*, p. 15.
[13]JOHNSTONE, *O futuro da igreja global,* p. 57.

negligenciando o desenvolvimento e até mesmo a atividade sociopolítica. É duvidoso que essas distinções até mesmo tenham sido traçadas na prática", pois "eles acolheram a medicina e a educação, a técnica agrícola e outras tecnologias como expressões de missão e compaixão. Eles fizeram campanhas contra a injustiça e a opressão, em nome do evangelho. A missão deles não era de palavras, mas de palavras e obras".[14]

Liderança

Fator essencial para tamanho impacto transformacional é o perfil de liderança desempenhado por Wesley. Há muitos princípios importantes que podemos observar se queremos servir fielmente como líderes cristãos em nossos dias. Silva registra uma nota escrita por Wesley em seu diário no dia 7 de maio de 1741, que demonstra o coração de um líder compassivo e decidido a fomentar entre seus liderados uma visão compartilhada de uma missão abrangente e integral:

> Recordei à sociedade unida que muitos de nossos irmãos e irmãs não tinham comida apropriada, muitos

[14]STOTT, *Os cristãos e os desafios contemporâneos*, p. 29.

não possuíam roupas, muitos estavam sem emprego, muitos estavam doentes e prestes a morrer; que, de minha parte, eu tinha feito o que podia para alimentar os famintos, vestir os esfarrapados e visitar os enfermos; porém, sozinho, eu não era capaz de fazer frente a tamanha tarefa; e portanto desejava que todos aqueles que tivessem o mesmo sentir que eu:

1. Trouxessem toda a roupa que pudessem separar para que fosse distribuída aos que mais precisam;

2. Doassem semanalmente um "tostão" ou aquilo que pudessem para poder socorrer os pobres e doentes;

3. Empregar temporariamente todas as mulheres sem trabalho e os que desejassem para tecer, dando-lhes o preço regular pelo seu trabalho e, além disso, acrescentar o que mais faltasse para o seu sustento.

Doze pessoas foram nomeadas para a tarefa de inspecionar, visitar os doentes e providenciar para que tivessem o mais necessário. Cada uma delas deve visitar a todos os enfermos dentro de sua vizinhança a cada dois dias e, cada quinta-feira, devem se reunir para dar um relatório daquilo que fizeram e dar a sua avaliação e, ainda fazer consultas para saber o que mais se pode fazer no futuro.[15]

---

[15]Citado em Silva, "Contribuição do movimento metodista...", p. 80-81.

Essa nota demonstra não apenas o coração de Wesley, mas também sua enorme capacidade estratégica, pois definia propostas claras de intervenção que eram contextuais, visando mobilizar as sociedades que liderava para um engajamento concreto com as necessidades integrais das pessoas e estimulando intencionalidade por meio de um espaço para prestação de contas.

Em sua exposição do Sermão do Monte, Wesley encorajou os ouvintes a renunciar a tudo o que fosse supérfluo, com a finalidade de aumentar sua capacidade de fazer o bem: "Cortemos toda despesa desnecessária de comida, móveis e roupas. Sejamos bons mordomos de cada dom de Deus, mesmo dos menores dons. Eliminemos todo dispêndio desnecessário e todo emprego dispensável e inútil de nosso tempo. Tudo o que fizermos, façamos com todo o esforço".[16]

Wesley não dava tais orientações sem que ele próprio as modelasse por meio de seu testemunho. Ao longo de todo seu ministério, levou muito a sério essa resolução. Apesar de ganhar algo em torno de 1.400 libras por ano com as vendas de

---

[16]WESLEY, *O Sermão do Monte*, p. 125.

seus livros, só mantinha 30 libras para si,[17] tendo ofertado pessoalmente ao longo de sua vida cerca de 30 mil libras esterlinas provenientes da impressão de literatura.[18] Para livrar da humilhação as crianças mais pobres da escola, que iam para a aula descalças e sofriam preconceito por parte de outras crianças, o próprio Wesley andou por algum tempo descalço.[19]

Há muito que podemos aprender hoje com os métodos do avivamento wesleyano e do ministério de John Wesley. Bevins é certeiro ao afirmar que "suas contribuições ao ministério são atemporais e podem ser aplicadas à nossa atual situação de ministério, seja na igreja local, na universidade ou no campo missionário".[20]

Para refletir

1. Em resposta às necessidades das pessoas e da sociedade, Wesley avaliava a cultura contemporânea e então respondia a ela de

[17]BEVINS, *Marks a Movement*, p. 49.
[18]SILVA, "Contribuição do movimento metodista...", p. 82.
[19]Ibid., p. 83.
[20]BEVINS, *Marks a Movement*, p. 50.

modo a ministrar às necessidades de todos, individual e coletivamente. Enumere cinco necessidades pessoais e coletivas das pessoas em sua comunidade, usando a tabela abaixo:

Necessidades individuais	Necessidades coletivas

2. Como cultivar esse mesmo equilíbrio hoje, respondendo criativamente às necessidades espirituais e físicas das pessoas enquanto permanecemos fiéis ao evangelho?

3. Dentre as diversas áreas impactadas pelo avivamento wesleyano (educação, saúde, direitos humanos, ministérios de justiça e

misericórdia, missões transculturais, liderança transformacional), selecione as três que seriam mais desafiadoras em sua região. Registre algumas ideias para atuar mais intencionalmente nessas áreas, com base nos recursos que o Senhor confiou a sua igreja ou organização.

Área	Ideias de ações que possam ser desenvolvidas em sua região

3

O avivamento e os modelos de liderança

Tempos atrás, Key Yuasa, líder por muitos anos na Igreja Holiness no Brasil, chamou minha intenção para o impacto do movimento de santidade, iniciado por Wesley, na evangelização do Japão no início do século 20. Ante meu espanto diante da abrangente influência do evangelista britânico em um país tão distante geograficamente e marcado por diferenças culturais tão expressivas, Yuasa destacou com seu jeito sereno, porém enfático: "O ministério de John Wesley impactou o mundo!".

O fato é que o legado do reavivamento wesleyano estendeu-se por muitas décadas à frente, por intermédio de líderes influenciados pelo movimento que teve início na Inglaterra no século 18. Os frutos deixados por esses servos de Cristo são um testemunho do poder do evangelho para transformar a vida daqueles que o recebem por meio da fé. São também uma inspiração para aqueles que, como nós, têm sido chamados ao ministério cristão em meio a uma sociedade indiferente e fragmentada, com necessidades sociais e espirituais crescentes e urgentes.

Destacaremos neste capítulo, de forma bastante resumida, dois desses marcantes testemunhos: o de William Booth, fundador do Exército da Salvação, e o de Phineas Bresee, fundador da Igreja do Nazareno. Ambos foram contemporâneos, iniciando seus ministérios em um período no qual Wesley já havia morrido havia cerca de setenta anos. Ambos trazem consigo as marcas de uma ação missional que buscou responder de modo contundente aos enormes desafios de sua época. Ambos tiveram um impacto que se estendeu para muito além de suas localidades (Reino Unido e Estados Unidos, respectivamente).

Minha expectativa é que este rápido olhar para a abrangência de seu serviço e visão ministerial, combinado com o relato do capítulo anterior sobre a influência do ministério de Wesley e do avivamento evangélico na transformação da Inglaterra do século 19, possa nos apontar algumas pistas quanto a suas contribuições permanentes para o desenvolvimento de um modelo de liderança cristocêntrica e transformacional, tão necessário em nossos dias.

Nossa primeira história começa com o ranger de uma porta e um entusiasmado grito.

William Booth e o Exército da Salvação

> William irrompeu casa adentro e abraçou Caroline. "Eu encontrei meu destino!", ele gritou. "Encontrei um lugar onde existe tanta miséria humana em um pedaço de terra tão pequeno que, para mim, há trabalho por lá digno de uma vida toda!"[1]

No ano de 1865, o Exército de Salvação, fundado por William e Catherine Booth, surge na Inglaterra em meio à Revolução Industrial, numa sociedade que passava por uma das maiores transformações de sua história. Rapidamente, o crescimento do Exército da Salvação transpôs as fronteiras da Inglaterra, alcançando Estados Unidos e Austrália em 1880, e a França no ano seguinte. Divisões na África do Sul e Nova Zelândia começaram já em 1883.[2]

[1] BENGE, *William Booth*, p. 76.
[2] Paul David Cull, "General William Booth", *Avivamento já*, <https://www.avivamentoja.com/general-william-booth/>, acesso em 22 de abril de 2023.

A biografia de William Booth, denominada *Sopa, sabão e salvação*, relata seu forte compromisso com uma missão transformacional, equipando cristãos para ministrar em todas as esferas da sociedade.

Muito antes de o bispo anglicano Leslie Newbigin retornar após trinta anos servindo na Índia e dedicar-se a demonstrar a necessidade de enxergar o Ocidente como um campo missionário, Booth já havia se referido à "tenebrosa Inglaterra" em sua obra *In Darkest England and the Way Out* (traduzida para português sob o título *A saída: um projeto de resgate social*). Escrito em 1890, o livro inclui propostas concretas, solidamente baseadas nas boas práticas acumuladas pelo Exército da Salvação ao longo de 25 anos, em áreas como reforma do sistema prisional, lixo e esgoto, crianças em vulnerabilidade social, moradia, empregabilidade, fome, saúde, entre outras. Logo no início de seu texto, Booth deixa clara sua compreensão de que "sem mudar integralmente o homem e o ambiente em que vive, o progresso será nulo".[3]

[3] Booth, *A saída*, p. 6.

Entre as diversas propostas e ministérios que descreve, encontra-se o modelo de trabalho das "irmãs da favela", uma das frentes de atuação do Exército da Salvação, cuja atuação ministerial é assim descrita por Booth:

> Elas atuam de maneira apostólica em duplas, vivendo nos mesmos tipos de abrigos ou quartos em que o povo vive, apenas diferindo na limpeza e na ordem, e nos poucos artigos de mobília que eles contêm. É lá que elas vivem durante todo o ano, visitando os doentes, cuidando das crianças, mostrando para as mulheres como elas devem fazer para manter suas casas decentes, fazendo frequentemente os deveres no lugar de uma mãe que adoece; cultivando a paz, defendendo a temperança, aconselhando no dia a dia, e ensinando continuamente as lições de Jesus Cristo aos banidos da sociedade.[4]

A descrição feita por Booth é surpreendente. Aquelas irmãs moravam nas favelas em que ministravam, vivenciando aquilo que várias décadas depois seria conhecido como "ministério encarnado". Ali desenvolviam uma ampla gama de ações,

[4] Ibid., p. 123-124.

desde visitar enfermos, servir crianças e ajudar mães debilitadas, envolvendo-se com as pessoas em suas necessidades e inquietações diárias, impactando positivamente o ambiente comunitário e, em meio a tudo isso, compartilhando o evangelho. Um exemplo que ainda permanece pertinente para o trabalho em favelas nos dias atuais.

Ainda mais surpreendente é a contundente declaração de Booth no último parágrafo dessa obra:

Nós levantamos a necessidade de uma fé pública — de uma fé social, e se você entende a palavra, de um cristianismo leigo. [...] Este trabalho não pode ser feito pelo clero, nem dentro das quatro paredes de uma igreja. O campo de batalhas está na escola, em casa, na rua, na taverna, no mercado, e onde quer que os homens se reúnam. Para tornar o povo cristão é necessário restaurá-los para suas casas e suas casas para eles.[5]

Embora o termo "cosmovisão" não seja mencionado em seu texto, Booth claramente demonstra compreender a necessidade de uma visão de mundo bíblica que influencia a atuação dos cristãos "na

[5]Ibid., p. 229.

escola, na rua, na taverna, no mercado, e onde quer que os homens se reúnam". Necessitamos recobrar no mundo contemporâneo o entendimento de que o cristianismo é uma fé pública e social.

Booth conhecia profundamente a realidade de seu país e desenvolveu propostas concretas, testadas pela prática ministerial, para a formulação de políticas públicas nos mais diversos campos. Sem dúvida, somos confrontados por seu testemunho. Conhecemos suficientemente a realidade de nossas cidades, de modo a poder desafiar a sociedade a implementar alternativas efetivas para as problemáticas urbanas por elas enfrentadas?

Aos 80 anos, William Booth escreveu uma carta intitulada "Parceria com Deus". Nessa carta, ele escreve como podemos ser parceiros com Deus na transformação do mundo.[6] O termo *Missio Dei* ainda não havia recebido o destaque que obteve no pensamento missiológico atual, porém Booth destaca exatamente o conceito, isto é, a realidade de que Deus está em missão e a igreja é chamada a ser sua cooperadora para alcançar e transformar o mundo com o evangelho.

[6]Souza, *"Que venha o teu reino"*, p. 79.

Três anos mais tarde, em sua última pregação em junho de 1912, Booth mais uma vez expôs apaixonadamente sua visão de ministério:

Enquanto as mulheres chorarem, como choram agora,
eu lutarei;
Enquanto criancinhas passarem fome, como passam
agora, eu lutarei;
Enquanto homens passarem pelas prisões, entrando
e saindo, entrando e saindo, como eles o fazem
agora, eu lutarei;
Enquanto há um bêbado remanescente,
Enquanto há uma pobre menina perdida nas ruas,
Enquanto restar uma alma que seja nas trevas, sem a
luz de Deus — eu lutarei,
Eu lutarei até ao último instante.[7]

Atualmente, o Exército da Salvação continua a mesma luta apaixonadamente descrita no último sermão de seu fundador, estando presente em 130 países do mundo.

Phineas Bresee e a Igreja do Nazareno

Phineas F. Bresee nasceu em 1838, iniciando seu ministério como ministro metodista em 1859

[7]Ibid., p. 5.

com 21 anos e sendo ordenado presbítero dois anos depois. Ao longo de sua vida e ministério, teve duas paixões: "a pregação da santidade e seu interesse nas necessidades das pessoas".[8] Já em seu primeiro ano de ministério pediu uma mudança de igreja, "pois se deu conta de que as convicções contra o mercado de escravos ofendiam a certas pessoas da congregação. Foram essas convicções e seus esforços para aplicar a doutrina cristã aos problemas sociais de sua época, que levaram Bresee a ganhar reconhecimento público".[9]

Relata-se que, antes de cada culto, ele se posicionava junto à porta da igreja dando boas-vindas a todos que chegavam: "Se alguém chegava com uma roupa simples e um tanto envergonhado, o pastor o abraçava e o levava ao melhor assento do templo. A vida de Bresee refletia bem o amor de Deus aos necessitados".[10]

Bresee foi o principal fundador da Igreja do Nazareno. O nome não foi escolhido por acaso.

[8]Meza, *História de los ministérios de compassión*, p. 18.
[9]Ibid.
[10]Ibid., p. 19.

"Não foi uma escolha aleatória ou simplesmente pela sua beleza", destaca Fulanetto. "Os fundadores tiveram um propósito muito mais sublime e real. Joseph Pomeroy Widney, um médico e educador, foi o autor do nome escolhido, que segundo o seu relato lhe veio depois de 'uma noite de oração' e simbolizava 'a labuta, a missão humilde de Cristo'."[11] Widney enfatizava que o nome Nazareno "uniu Jesus Cristo com o coração laborioso, esforçado e triste do mundo. É Jesus de Nazaré que transforma o mundo em sua miséria e desânimo para receber uma nova esperança".[12]

Desde o início, os fundadores da Igreja do Nazareno entenderam que seu objetivo era pregar aos pobres a santidade. Seu primeiro papel timbrado destacava na parte superior o texto de Mateus 25.40b: "quando fizeram isso ao menor destes meus irmãos, foi a mim que o fizeram".[13]

As notas de Phineas Bresse, compiladas por Harold Smith, revelam o coração de um pastor

[11]FULANETTO, 2016, p. 64.
[12]Citado em MEZA, *História de los ministérios de compassión*, p. 26.
[13]Ibid.

compassivo e comprometido em proclamar o evangelho do reino de Deus, servindo ao mundo na integralidade de suas carências:

O amor de Deus enchendo uma alma humana é a coisa mais prática neste mundo. Foi dado a cada necessidade humana desde que Jesus veio do céu; voou em mensagens de misericórdia enquanto os anjos entoavam canções de redenção. O amor é derramado sem distinções, sem considerar a lei, mas doando-se a si mesmo. [...]

O primeiro milagre depois do batismo do Espirito Santo sobre a igreja se deu em um mendigo. Significa que a prioridade do serviço da igreja batizada no Espirito Santo é o pobre; que seu ministério é para aqueles que desceram ao nível mais baixo, que seus dons são para aqueles que mais deles necessitam. Assim como o Espírito estava em Jesus para pregar o evangelho aos pobres, também o seu Espírito está em seus servos para o mesmo propósito. A evidência da presença de Jesus em nosso meio é se levamos o evangelho aos pobres.[14]

O primeiro manual escrito pelos fundadores da Igreja do Nazareno anunciou a determinação

[14]Ibid., p. 36.

da igreja de ganhar os perdidos "por meio de agências de missões na cidade, serviços evangelísticos, visitação de casa em casa, cuidado dos pobres e consolo dos moribundos". Estavam convencidos de que sua missão era "ir às áreas mais pobres das cidades e a lugares descuidados e, pelo poder do Espírito Santo, criar centros de fogo espiritual".[15]

Esse compromisso se estendeu a muitas localidades em todo o mundo graças aos esforços dos missionários nazarenos para desenvolver a prática de uma missão integral no contexto transcultural. "Quando a Igreja do Nazareno começou a enviar missionários a diferentes partes do mundo, foram levadas em conta as necessidades humanas dos povos a serem evangelizados", relata Meza. "Além de plantar igrejas, também foram fundadas clínicas e escolas para satisfazer as necessidades de educação e saúde das comunidades alcançadas. Trabalhou-se ativamente na tradução da Bíblia aos dialetos nativos dos novos convertidos."[16]

[15] Ibid.
[16] Ibid.

Uma visão transformacional
para a liderança cristã

Booth e Bresee são exemplos de um paradigma de liderança que nos é fartamente apresentado nas Escrituras. Por diversas vezes, os evangelistas relatam a compaixão como marca essencial da liderança de Jesus. Em Mateus 9.36, lemos que Jesus, ao ver as multidões, "teve compaixão delas, pois estavam confusas e desamparadas, como ovelhas sem pastor" (Mt 9.36). Por sua vez, Mateus 14.13-14 relata o Senhor "partiu de barco para um lugar isolado, a fim de ficar só" — muito provavelmente, para um tempo de descanso — mudando, porém, sua agenda ao deparar com a multidão que o havia seguido por terra: "Quando Jesus saiu do barco, viu a grande multidão, teve compaixão dela e curou os enfermos". A compaixão do Mestre levou ao envolvimento prático com as necessidades integrais daquelas pessoas, ao ensinar, pregar, curar enfermidades físicas e saciar sua fome. Ilustrando seu ensino sobre o amor bíblico por meio da parábola do bom samaritano, Jesus afirmou que este "teve compaixão dele" (Lc 10.33), envolvendo-se concretamente com as necessidades físicas do homem que havia sido acometido por um problema social (a violência), dando-nos, por assim dizer, um modelo de "liderança samaritana" ao afirmar enfaticamente: "Vá e faça o mesmo" (Lc 10.37).

Essa "liderança samaritana" emerge exatamente em períodos de grandes dificuldades. Tanto Wesley quanto Booth, Bresee e outros reavivalistas tiveram de exercer seus ministérios em períodos complexos. Seus frutos são resultado de uma perseverança teimosa, marcada pela fidelidade ao Senhor expressa no sério compromisso de apresentar respostas bíblicas e contextuais aos desafios de seu tempo. Esses homens buscaram a Deus em oração intensa e persistente, e levantaram-se para servir às pessoas e à sociedade, com um olhar abrangente para suas necessidades sociais e espirituais.

É certo que, como afirma Derek Kidner, a única coisa que podemos fazer é nos preparar para o avivamento, uma vez que "não podemos fazê-lo acontecer: Deus precisa enviá-lo".[17] Ainda assim, devemos ter clareza de que os que com lágrimas semeiam com júbilo voltarão. Nossas cidades e comunidades podem ser tão áridas como o Neguebe, mas sigamos a semear! Dobremos os joelhos e

---

[17]Citado em KELLER, *Igreja centrada*, p. 100.

ergamos os olhos para o grande campo ao nosso redor. Há trabalho a ser feito, trabalho que necessita de líderes que sigam o modelo de encarnação de seu Senhor (Fp 2.5-11) e sirvam com compaixão e sensibilidade, no poder do Espírito Santo.

Para refletir

1. Leia Mateus 14.13-14 e Lucas 10.25-37 e responda: como o modelo de "liderança samaritana" impactou a sua visão de ministério? Existem mudanças que você precisa fazer em sua agenda ou na de sua igreja ou organização para melhor servir compassivamente às pessoas de sua localidade?

2. Destaque três características comuns à prática da liderança de William Booth e Phineas Bresee. Como elas inspiram sua prática ministerial?

3. Uma das maneiras de desenvolver uma liderança missional é contextualizar o ministério, buscando responder de formas bíblicas e transformadoras às necessidades sociais e espirituais das pessoas e da comunidade. Isso envolve oração, pesquisa, observação, planejamento e criatividade. Sua igreja tem

feito algum esforço nessa direção? Que passos vocês poderiam dar para organizar um movimento de oração, conhecer melhor a região e equipar os discípulos de Jesus para a missão?

Conclusão

Neste livro, dedicamo-nos a estudar, ainda que não de modo exaustivo, o aporte do avivamento wesleyano para a atuação transformacional da igreja na sociedade. A tradição armínio-wesleyana nos brindou com inspiradores exemplos de homens e mulheres que, motivados por amor a Cristo e aos que sofrem, modelaram com sua vida compaixão, humildade e serviço. Em um de seus muitos hinos, Charles Wesley resumiu essa visão do ministério pastoral e da liderança cristã:

> Vejam um pastor apostólico,
> Comissionado pelo alto,
> Que ousa se desfazer de toda a vaidade,
> Para suprir o necessitado!
> Um raro exemplo primitivo
> Da pobreza evangélica,
> Seu único cuidado era alimentar o rebanho,
> E ser como o Senhor.[1]

[1] Charles Wesley, "You pastors hired who undertake", citado em Kimbrough Jr., *Graça radical*, p. 117.

Meditemos nessas palavras. A igreja brasileira cresce numericamente, ao mesmo tempo que o país mergulha numa crise ética, moral e social. Uma pergunta que diz respeito a todos nós, especialmente pastores e líderes, é: temos modelado nossa atuação ministerial sob essa perspectiva? Suprir o necessitado, alimentar o rebanho e ser como o Senhor têm sido as marcas de nossos ministérios? Nossa expansão numérica tem se traduzido em transformação nos contextos aos quais Deus nos enviou, levando em conta a realidade espiritual, social e cultural em que estamos inseridos? Temos seriamente refletido sobre esses desafios?

Tenho a convicção de que um olhar criterioso para as implicações mais abrangentes da teologia armínio-wesleyana e seu legado transformacional histórico, confere-nos uma excelente base para desenvolver um engajamento missionário integral tanto fiel quanto frutífero na sociedade atual.

Os desafios do Brasil no cenário pós-pandemia

António Guterres, secretário-geral da ONU, comparou a Covid-19 a um raio-X, que revelou "fraturas no esqueleto frágil das sociedades que construímos".[2] De fato, há muitos indicadores que apontam para isso.

Em primeiro lugar, nossa tarefa é testemunhar do amor de Cristo em palavras e obras em meio a um cenário de ampliação da pobreza e desigualdade. A Rede Brasileira de Pesquisa em Soberania e Segurança Alimentar e Nutricional (Rede PENSSAN) pinta um quadro desafiador da extensão da fome no Brasil. Mais da metade da população do país — 125,2 milhões de pessoas — vive hoje com algum grau de insegurança alimentar, sendo que 15,5% (33,1 milhões de pessoas) do total de brasileiros enfrenta insegurança alimentar grave, isto é, fome, situação que se agravou nos anos de pandemia.[3]

[2] Manuel Pestana Machado, "António Guterres: o mundo chegou 'a um ponto de rutura' quanto às desigualdades", *Observador*, 18 de julho de 2020, <https://observador.pt/2020/07/18/antonio-guterres-o-mundo-chegou-a-um-ponto-de-rutura-quanto-as-desigualdades/>.

[3] Rede Brasileira de Pesquisa em Soberania e Segurança Alimentar, *II Inquérito Nacional sobre Insegurança Alimentar no Contexto da Pandemia da COVID-19 no Brasil*, 2022, <https://olheparaafome.com.br/wp-content/uploads/2022/06/Relatorio-II-VIGISAN-2022.pdf>.

Em segundo lugar, teremos de encontrar novas formas para estender cuidado pastoral e psicossocial a uma sociedade amplamente impactada pelos efeitos da pandemia. No estudo Percepções do Impacto da Covid-19, realizado pelo Instituto Ipsos e que ouviu moradores de trinta países, o Brasil foi identificado como o local onde as pessoas mais se sentem solitárias, e 53% dos brasileiros entrevistados afirmaram que a pandemia teve efeito negativo sobre sua saúde mental.[4] Como afirmou Gladis Mwiti ainda em meio à pandemia: "Enquanto as nações se concentram no controle da propagação do vírus e no tratamento médico para os infectados, as necessidades de saúde mental não estão sendo supridas com a urgência necessária".[5]

Esse contexto de desafios enormes levou Jason

[4]Instituto Ipsos, "One Year of Covid-19: mais da metade dos brasileiros afirma que saúde mental piorou desde o início da pandemia", 19 de abril de 2021, < https://www.ipsos.com/pt-br/one-year-covid-19-mais-da-metade-dos-brasileiros-afirma-que-saude-mental-piorou-desde-o-inicio-da>.

[5]Gladis Mwiti, "Construindo esperança e resiliência na tempestade da Covid-19", *Ultimato*, 11 de fevereiro de 2021, <https://www.ultimato.com.br/conteudo/construindo-esperanca-e-resiliencia-na-tempestade-covid-19/654>.

Mandryk, da Operation World, a incluir o "proeminente crescimento da missão integral" entre suas observações a respeito das tendências relativas à igreja e à missão num mundo em crise:

> Uma abordagem holística que ministra as boas-novas à pessoa como um todo e à comunidade — não é apenas oportuna em tempos de pandemia global e crise econômica, mas está, de forma correta, inserida no cerne da práxis da missão. Desde o evento de 74 de Lausanne (e na verdade até mesmo antes dele), os evangélicos que olham para o futuro da missão têm batido na tecla da missão integral. As necessidades humanas urgentes decorrentes da Covid-19, bem como seus efeitos diretos e indiretos, dão aos seguidores de Jesus a oportunidade de demostrar o quanto o evangelho é relevante em todos os aspectos da vida humana, e quanto Deus deseja trazer cura e transformar toda a sua criação.[6]

De fato, como destacou Ray Bakke: "Nós, cristãos, somos o único povo neste planeta que tem a visão integrada do mundo da matéria e do espírito que nos

[6]Jason Mandryk, "Transmissão global, missão global", *Martureo*, <https://www.martureo.com.br/transmissao-global-missao-global-parte-5-6/>, acesso em 28 de abril de 2023.

permite lidar com o desenvolvimento do sistema de esgoto e a salvação de almas com igual entusiasmo".[7]

A missão integral, portanto, é "a tarefa de trazer a vida toda para sob o senhorio de Jesus Cristo" e inclui a afirmação de que não existe divisão bíblica entre a responsabilidade social e evangelística ao levarmos a paz de Cristo aos pobres e oprimidos.[8] Desse modo, o desafio as igrejas locais neste cenário é integrar em sua prática ministerial tanto a grande comissão (Mt 28.18-20; Mc 16.14-20; Lc 24.44-53; Jo 20.19-23; At 1.8) quanto o grande mandamento (Jo 13.34).

Levantamento feito pelo Invisible College indica que de certo modo isso já está acontecendo no Brasil: 57% do total de igrejas participantes da pesquisa iniciou um novo projeto social durante a pandemia, e 51% deseja receber maior capacitação em "assistência social".[9]

[7] BAKKE, *A Theology as Big as the City*, p. 34.
[8] Movimento de Lausanne, "Missão Integral", https://lausanne. org/pt-br/redes-pt-br/redes-tematicas-pt-br/missao-integral>, acesso em 28 de abril de 2023.
[9] Lissânder Dias, "A reinvenção das igrejas na pandemia", *Ultimato*, 29 de setembro de 2020, <https://www.ultimato.com.br/ conteudo/a-reinvencao-das-igrejas-na-pandemia>.

Muitas comunidades de fé se viram envolvidas em ações de entrega de alimentos e apoio a populações mais vulneráveis atingidas em sua subsistência pelos efeitos da crise. Isso é maravilhoso, mas caso essas iniciativas não se desdobrem em níveis mais avançados de ajuda, ao invés de promover transformação poderão gerar mais à frente paternalismo e assistencialismo, resultando por sua vez em dependência permanente de ajudas assistenciais. Assim, os projetos de emergência (entrega de cestas básicas, materiais de limpeza, roupas, água, medicamentos) precisam avançar rumo a programas de serviço social (geração de renda, qualificação profissional, aceleração escolar, entre outros), de desenvolvimento (quando a comunidade é capacitada a atuar nas causas, ao invés de nos efeitos, dos problemas) e de *advocacy* (a incidência nas políticas públicas, visando a promoção da justiça).

Duas redes ligadas à Missão ALEF na periferia de Natal desenvolvem desde março de 2020 um abrangente esforço de cooperação envolvendo noventa igrejas na resposta aos desafios da crise causada pela pandemia, o que resultou em muitas ações contextuais e compassivas que levaram proteção e apoio emergencial a milhares de pessoas em vulnerabilidade: entrega de toneladas de cestas de alimentos e *kits* de higiene para prover alimentos e itens de limpeza; instalação de pia móvel para famílias que vivem em barracos em situação insalubre, sem acesso a água encanada, dando condições de fortalecer a prevenção ao vírus; instalação de faixas educativas nas fachadas dos prédios das comunidades de fé; campanha de doação de sangue para repor os estoques do hemocentro local; iniciativa de encorajamento para profissionais de saúde em sua ação na linha de frente; e a produção de "bolsas de esperança" para prover centenas de crianças em vulnerabilidade com material educativo e bíblico adequado a sua idade a fim de ajudá-las a lidar com o período de isolamento social.

No atual momento, essas redes de igrejas continuam firmemente atuantes, entendendo que seu desafio, para além das ações de emergência, está relacionado ao cuidado integral das famílias de suas localidades, mediante uma ação missional e pastoral contínua. O projeto avança para uma nova fase que envolve apoiar e equipar empreendedores integrantes das famílias assistidas para ajudá-los a iniciar pequenos negócios que produzam renda para seus lares.

Criatividade e coragem: igrejas para um momento como este!

G. K. Chesterton dizia que a trombeta da imaginação é como a trombeta da ressurreição: chama os mortos para fora de seus túmulos. Ideias criativas e coragem serão essenciais à medida que as igrejas locais atuam em seu papel de agentes de transformação, buscando apresentar respostas inovadoras aos desafios missionais sem precedentes que encontramos no contexto brasileiro atual. Como destacou Grellert, ser evangélico "é também trabalhar pela transformação da sociedade brasileira":

> Negar essa tarefa é desconhecer o testemunho pujante de gerações anteriores e meter-se com agendas tacanhas. Jesus Cristo quer transformar o Brasil. [...] Podemos todos fazer algo, a partir da casa, do bairro e do município. Mas também devemos orar, estudar e discutir entre nós e com outras pessoas uma agenda digna de nossa vocação de testemunhas fiéis do evangelho em nossa geração. A

questão é produzirmos frutos que permaneçam, e não apenas folhas.[10]

Podemos agir assim porque "Deus não nos deu um Espírito que produz temor e covardia, mas sim que nos dá poder, amor e autocontrole" (2Tm 1.7). Poder para agir com esperança e adaptabilidade frente a necessidades novas e crescentes; amor para proclamar o evangelho e desenvolver ministérios de justiça e misericórdia, especialmente para com os mais vulneráveis; e equilíbrio para promover e encorajar o autocuidado dos cristãos e de seus entes queridos.

É essa a ênfase do forte apelo de Ortlund, motivado pelo conselho de J. I. Packer, um dos líderes que mais impactaram sua formação e que encorajava com persistência seus alunos a não negligenciar a dimensão do avivamento no ministério:

Meu apelo se resume ao seguinte: *não negligenciemos a dimensão do avivamento em nossas igrejas*. É bíblico. Está correto. Vem de Deus. Devemos parar

[10]Manfred Grellert, "Memória história: Parte III", *Ultimato*, <https://www.ultimato.com.br/revista/artigos/290/memoria-historica-parte-iii>, acesso em 10 de abril de 2023.

de ser tão tímidos. Vamos confiar tanto em Deus, que seguiremos sua Palavra sem ressalvas, para que não morra. Nenhum de nós tem muito tempo de vida. Por que não fazer algo audaciosamente radical antes de morrer? Sigamos a Palavra de Deus na totalidade. Não a censuremos. Não a reduzamos aos limites estreitos de nossa zona de conforto. Confiemos que Deus é sábio em todas as suas palavras e caminhos. *Oremos* por receber mais dele do que já tenhamos recebido antes. E então vamos além da oração. *Esperemos* que ele se aproxime de nós de novas maneiras que nos encantarão e honrarão seu próprio nome. Arrisquemos toda a nossa realização pessoal em Deus, sem nada reter. Ele será honrado, e nós seremos amplamente recompensados.[11]

Ouçamos este apelo! No Antigo Testamento, o livro de Ester apresenta-nos um cenário de ameaça concreta de genocídio ao povo judeu. Diante desse quadro desolador, Mardoqueu dirige-se à rainha com palavras de confrontação:

Não pense que, pelo fato de estar no palácio do rei, você será a única entre os judeus que escapará, pois, se você ficar calada nesta hora, socorro e livramento

[11]ORTLUND, *Avivamento*, p. 31.

surgirão de outra parte para os judeus, mas você e a família do seu pai morrerão. Quem não sabe se não foi para um momento como este que você chegou à posição de rainha?

Ester 4.12-14

Ester precisava entender seu papel naquele contexto complexo e inédito, e essa também é nossa necessidade hoje. À medida que nos defrontamos com os desafios relacionados à missão na complexa realidade brasileira, precisamos escutar com atenção as palavras de Mardoqueu. Elas permanecem tão atuais para nós quanto o foram para a jovem rainha, pois nos desafiam a compreender que nossas igrejas e ministérios foram inseridos pelo Senhor nas comunidades em que se encontram presentes exatamente para "um momento como este". Grellert nos recorda que é exatamente essa a receita básica dos frutos produzidos pelos avivamentos do passado: "um grupo que sente o chamado de Deus estuda, trabalha, ora e gasta suas vidas para o bem de outros, como testemunho de sua fé no Cristo vivo. O *status quo* não tem a última palavra. A última palavra é a vontade de Deus".[12]

[12]Grellert, "Memória história: Parte III".

As ruas das cidades dos dias atuais, repletas de realidades igualmente desafiadoras como aquelas enfrentadas por Wesley na Inglaterra de sua época — violência, consumismo, degradação familiar — necessitam ser alcançadas por ministérios comprometidos em levar o evangelho todo para a pessoa toda e para todas as áreas da vida.

Ministérios conduzidos por uma geração de líderes imersos no amor de Jesus e no compromisso expresso, em palavras e obras, de atuar como agentes do reino de Deus serão essenciais para que vejamos também hoje um movimento de igrejas marcadas por santidade, integralidade e compaixão, que atuem como instrumentos de transformação e esperança em suas comunidades e nações.

Agradecimentos

Ao meu amado filho Nathan, presente de Deus. Rogo ao Senhor que lhe conceda a oportunidade de participar de forma ativa de um avivamento transformador em sua geração.

A minha querida Adryelle. Seu amor e encorajamento têm sido fundamentais em nosso ministério como família missionária. Eu não poderia me dedicar a projetos como este sem o seu estímulo e apoio contínuos.

A Vinicius Couto, organizador do livro *Cosmovisão cristã: Reflexões éticas contemporâneas a partir da teologia armínio-wesleyana* (Reflexão, 2019), no qual apresentei em outro formato parte significativa do conteúdo deste livro. Agradeço por sua generosidade em não apenas me autorizar a revisar e publicar essa versão adaptada e expandida daquele material, como também em contribuir com a apresentação desta obra.

Aos pastores e líderes que servem fielmente ao Senhor da missão nas áreas mais empobrecidas

das cidades brasileiras. Sua perseverança tem produzido expressões desse avivamento transformador em muitos rincões de nosso país.

A minha diretoria, equipe e a todos que se conectam com as diferentes frentes ministeriais da Missão ALEF. Tem sido uma alegria caminhar ao seu lado, orando e trabalhando para servir igrejas e organizações, a fim de desenvolver movimentos locais que levem transformação para suas regiões.

Referências bibliográficas

BAKKE, Ray. *A Theology as Big as the City*. Downers Grove, IL: IVP Academic, 1997.

BENGE, Janet e Geoff. *William Booth: Soup, Soap, and Salvation*. Seattle: YWAM Publishing, 2002.

BEVINS, Winfield. *Marks a Movement: What the Church Today Can Learn From the Wesleyan Revival*. Grand Rapids, MI: Zondervan, 2017.

BOOTH, William. *A saída: um projeto de resgate social*. São Paulo: Centelha, 2004.

COLLINS, Kenneth J. *Teologia de John Wesley: O amor santo e a forma da graça*. Rio de Janeiro: CPAD, 2007.

Compromisso da Cidade do Cabo: Uma declaração de fé e um chamado para agir. Terceiro congresso de Lausanne sobre Evangelização Mundial, 16 a 25 de outubro de 2010. Curitiba: Encontro/ Ultimato, 2011.

COUTO, Vinicius. *Em favor do arminianismo-wesleyano: Um estudo bíblico, teológico e exegético de sua relevância na contemporaneidade*. São Paulo: Reflexão, 2016.

_____. *Fé x obras: Ortodoxia e ortopraxia na teologia de John Wesley*. São Paulo: Reflexão, 2018.

_____. "Ecclesia Reformata Et Semper Reformanda Est: Construindo uma Cosmovisão Cristã". In: COUTO, Vinicius (org.). *Igreja reformada sempre sendo reformada: A fidelidade aos princípios da Reforma e sua atualidade nas teologias arminianas clássica e wesleyana.* São Paulo: Reflexão, 2017.

ESCOBAR, Samuel. *Como compreender la misión: De todos los pueblos a todos los pueblos.* Buenos Aires: Certeza Unida, 2007.

FULANETTO, Felipe. *Artigos de fé na ótica missional: Reconciliando teologia e missiologia.* Maceió: Sal Cultural, 2016.

JOHNSTONE, Patrick. *O futuro da igreja global: História, tendências e possibilidades.* São Paulo: Cultura Cristã, 2017.

KELLER, Timothy. *Igreja centrada: Desenvolvendo em sua cidade um ministério equilibrado e centrado no evangelho.* São Paulo: Vida Nova, 2014.

KIMBROUGH Jr., S. T. *Graça radical: Justiça para o pobre e marginalizado. A visão de Carlos Wesley para o século XXI.* Maceió: Sal Cultural, 2015.

MARQUES, Marlon. *Salvação integral: Salvação pessoal e social na teologia de John Wesley.* São Paulo: Reflexão, 2017.

_____. *Arminianismo para a vida.* São Paulo: Reflexão, 2018.

Meza, Luis. *História de los ministérios de Compassión.* San José, Costa Rica, América Central: Educación Teológica Regional de la Iglesia del Nazareno, Región Mesoamérica, 2012.

Ortlund Jr., Raymond C. *Avivamento: O modelo bíblico para vivenciar a extraordinária presença de Deus.* São Paulo: Associação Editora Presbiteriana de Pinheiros, 2022.

Shelley, Bruce L. *A igreja: o povo de Deus.* São Paulo: Vida Nova, 1984.

Silva, Leandro. "Formação espiritual, desenvolvimento de liderança e o reino de Deus". In: Lopez, Renildo Diniz; Silva, Leandro (orgs.). *Caderno de reflexões do Congresso ALEF para pastores e lideres 2015: Liderança, espiritualidade e o reino de Deus.* Natal: Missão ALEF, 2015.

_____. "O legado da tradição armínio-wesleyana para a missão transformadora da igreja na sociedade". In: Couto, Vinicius (org.). *Cosmovisão cristã: Reflexões éticas contemporâneas a partir da teologia armínio--wesleyana.* São Paulo: Reflexão, 2019.

Silva, Welinton Pereira da. "Contribuição do movimento metodista para o entendimento da indissociabilidade entre evangelização e ação social". In: Brito, Paulo Roberto B. de (org.). *Jardim da cooperação: Evangelho, redes sociais e economia solidária.* Viçosa, MG: Ultimato, 2008.

Snyder, Howard A. *La salvacion de toda la creación: La ecologia del pecado y la gracia.* Flórida: Kairos, 2016.

Souza, Maruilson; Horwood, S. E. *"Que venha o teu reino": Buscando juntos a justiça.* São Paulo: Exército de Salvação, 2018.

Stewart, James Alexander. *Quando desceu o Espírito: A história de Evan Roberts e do Grande Reavivamento no País de Gales.* Belo Horizonte: Betânia, 1968.

Stott, John. *Os cristãos e os desafios contemporâneos.* Viçosa, MG: Ultimato, 2016.

Thorsen, Don. *Calvino* versus *Wesley: Duas teologias em questão.* Natal: Carisma, 2018.

Wesley, John. *O Sermão do Monte.* São Paulo: Vida, 2012.

Sobre o autor

Leandro Silva Virginio é presidente da Missão ALEF (www.missaoalef.org), organização missionária de mobilização, formação de redes e treinamento de igrejas. Ele e a esposa, Adryelle, são pais de Nathan e missionários da Action International Ministries. Residem em Natal (RN), onde trabalham a partir do bairro de Felipe Camarão. É graduado em liderança avançada pelo Haggai Institute e em teologia pela Faculdade Teológica Sul Americana, e é integrante da equipe executiva do Movimento de Lausanne no Brasil.

Obras da Curadoria Sementes:

- *A espiritualidade de Jesus*, de Tiago Abdalla
- *Amizade*, de Tiago Abdalla
- *Doidos por discernimento*, de Tiago Cavaco
- *Igreja revitalizada*, de Leandro Silva
- *Mulheres da Bíblia em literatura de cordel*, de Gilmara Michael
- *Neocalvinismo*, de Tiago de Melo Novais
- *No princípio Deus poemou*, de Oseas Heckert
- *O protagonismo da Bíblia*, de Estevan F. Kirschner
- *Sermão expositivo*, de Jubal Gonçalves

Compartilhe suas impressões de leitura,
mencionando o título da obra, pelo e-mail
opiniao-do-leitor@mundocristao.com.br
ou por nossas redes sociais

Esta obra foi composta com tipografia Calluna
e impressa em papel Pólen Natural 70 g/m² na gráfica Eskenazi